PREMIER COUP-D'ŒIL

SUR LA SESSION

DE MIL HUIT CENT DIX - SEPT.

Prix: 50 centimes.

SE VEND

Au Mans, chez l'AUTEUR, rue Sainte-Ursule, N° 8.

A Angers, chez HÉNAULT, libraire, place du Lion-d'Or, N.° 37.

Décembre 1817.

PREMIER COUP-D'ŒIL

SUR LA SESSION

DE MIL HUIT CENT DIX-SEPT.

Liberté de la Presse.

Le ministère actuel va donc enfin être jugé en dernier ressort. L'an 1815, il comparut devant la faction qui voulait anéantir jusqu'au dernier vestige de la liberté. Pour trouver grâce devant elle, il lui proposa des lois qui suspendaient la constitution et mettaient un parti à la discrétion du parti contraire. La loi du 29 octobre, celle du 9 novembre, les cours prévôtales, l'esclavage de la pensée, ce cortège d'inventions méticuleuses destinées à dompter un peuple qui veut être libre, sortit tout armé du sein de la puissance législative.

Bientôt épouvantés des suites qu'allait avoir pour eux-mêmes leur maladroite complaisance, les ministres eurent l'idée de faire tourner ces lois contre leurs propres auteurs; ils appelèrent à leur secours les hommes qu'ils avaient fait proscrire : ceux-ci feignirent de croire à la sincérité d'un retour dont il n'était pas difficile de pénétrer le but : la nouvelle loi sur les élections et la promesse solennelle de briser, à la session prochaine, toutes les entraves dont on avait chargé la liberté constitutionnelle, furent les garanties offertes et données par le ministère aux députés patriotes. Quelques voix courageuses s'élevèrent néanmoins contre tout système provisoire, contre toute législation de circonstance : ceux d'entre les illibéraux qui joignaient quelque prévoyance à quelque droiture combattirent les orateurs du gouvernement : une faible majorité triompha ; mais n'était-ce pas une véritable défaite pour les ministres que cette victoire remportée par une faible majorité ?

Pourtant, un grand nombre d'excellens citoyens attendit, pour prononcer en définitif sur le caractère et l'habileté des ministres, l'épreuve de la session de 1817. La doctrine développée par le ministère public dans le sanctuaire de la justice, doctrine qui tendait à faire considérer les agens du pouvoir royal comme inviolables ; la tyrannie de certains préfets, la docilité des tribunaux, les jugemens, les arrêts, les détentions extra-judiciaires dont plusieurs écrivains indépendans avaient été les victimes, l'impunité de tant d'erreurs et de forfaitures morales, déposaient contre la fidélité des ministres, mais ne suffisaient pas encore pour que l'opinion publique se décidât à les accuser ouvertement : elle avait prescrit un terme à ses doutes et à son silence ; et, maintenant que ce terme est arrivé, les débats s'ouvrent ; les ministres vont recevoir leur récompense ou leur punition : car la session annuelle des chambres est une cour d'assises où le banc ministériel se trouve en face du grand jury national.

Si, malgré tous les avantages que donne à ceux qui nous gouvernent une législation encore imparfaite sur tous les points, malgré leur double influence comme ministres et comme députés, malgré l'inconséquence des corps électoraux qui nomment des agens du pouvoir exécutif pour contrôler ses opérations, malgré, le petit nombre des représentans de la nation, qui rend la corruption si facile, les ministres avaient contr'eux le vœu de la majorité dans les chambres, il serait évident qu'ils ont manqué à la confiance du trône.

L'éternelle question de la liberté de la presse, reproduite après avoir été si pleinement résolue, atteste leurs craintes, non par rapport à l'intérêt public, mais pour eux-mêmes. Ils ne peuvent envisager sans effroi ce moment critique où toutes les pensées, tous les sentimens qu'ils ont si long tems, si rigoureusement comprimés, vont s'élancer avec force vers la liberté. Que deviendront alors ces conceptions mesquines d'une politique astucieuse, uniquement occupée de quelques intérêts personnels, et qui prétend les faire prendre au public pour les siens ? Que deviendront ces sophismes usés sous la dictature impériale, qui ont perdu leur pouvoir et leur éclat? Du moins quand on les employait pour orner l'oraison funèbre de la liberté, nous montrait-on la prospérité au dedans et des trophées au dehors.

Comparons le langage des ministres et de leurs orateurs avec celui des défenseurs de la charte constitutionnelle dans la question de la liberté de la presse. Le ministre qui vient d'avoir le courage de proposer à ce sujet une nouvelle loi d'exception est un très-habile tacticien dans l'art de dépaïser les esprits. Il sait prendre les formes d'un sage ou celles d'un homme d'état. Lorsqu'il s'agit de raisonner sur les faits, il feint de s'élever dans les hautes régions de la théorie. Si vous avez la bonhomie de l'y suivre, il se jette dans l'inextricable labyrinthe des exceptions; il invoque la singularité des circonstances : tout-à-l'heure il voulait être libre avec le peuple : prenez-le au mot, il ne veut plus l'être que tout seul; et nous, nous le serons demain, mais toujours demain : le projet qu'il présente aux chambres laisse à peu-près les choses dans l'état où elles sont. Nous aurons toujours des imprimeurs et des libraires brévetés, assermentés; toujours la censure indirecte des préfets, l'impôt des cinq exemplaires, les honnêtes cérémonies du récépissé; toujours la saisie préalable, la coalition du préfet, du procureur du roi et du juge instructeur contre les écrivains; l'imperturbable complaisance des tribunaux correctionnels, les mandats d'amener et de dépôt, la politesse des interrogatoires, les complimens du ministère public ; toujours des journaux prompts à nous révéler l'heure des promenades du roi, les présentations, les parades du Carrousel, les parties de chasse des princes, les variations de la mode, les progrès de la civilisation.... au théâtre et dans les coulisses ; jamais de ces détails positifs sur l'état actuel de la politique européenne ; jamais de ces mâles élans de la pensée que les impuissans nomment séditieux ; jamais de ces réclamations hardies du patriotisme contre les doctrines abrutissantes, les prétentions tyranniques, contre les attentats du pouvoir.

Ne dirait-on pas que les Français, cette nation vive, transparente et, pour rappeler une expression de Corneille, ayant l'éclat du verre, en ait aussi la fragilité ? Ne croirait-on pas qu'elle va se briser au moindre choc ? Que de précautions l'environnent ! On ne veut pas qu'elle pense, de crainte de se fatiguer l'esprit ; ni qu'elle lise, de peur de se fatiguer la vue ; ni qu'elle parle, de peur de s'étourdir elle-même. On la met au régime des romans, des petits vers, des petits contes innocens, de la littérature d'Athénée ; mais l'aliment substantiel de la haute philosophie ne convient point à la délicatesse de sa complexion. On lui permet de prononcer quelquefois ces mots enfantins : *idées libérales, liberté sans licence, liberté monarchique* ; jamais ces expressions fortes : *indépendance, opposition, droits du citoyen, garantie nationale* ; cela détruirait en elle l'effet des *saines doctrines* : elle voudrait secouer le joug de la vieille pédagogie qui prétend tenir encore la lizière ;

elle tomberait dans le précipice des doctrines dange-
reuses; elle se livrerait au démon de l'orgueil. En
conséquence, on essaye de remettre au maillot ce
peuple qui, depuis un siècle, remue l'Europe par
l'action et par la pensée; ou bien d'assujettir au régime des phtysiques ce robuste tempérament qui a
centuplé ses forces en les exerçant dans toutes les
carrières.

On vous accorde tout au fond, on vous le retire
ensuite par la forme; et pour imposer silence aux
objections, M. le garde des sceaux déclare aux
députés de la nation que les propositions des lois
émanent du roi qui nous a donné la charte. Il est im-
portant d'éclaircir une telle assertion qui, si elle était
vraie, ôterait toute liberté aux débats des deux chambres. Les ministres proposent une loi; le roi ordonne
que ce projet soit soumis à la délibération des chambres : s'il passe avec ou sans amendemens, le roi le
sanctionne ou le rejette : or, c'est dans ce dernier acte
seul que se montre la volonté royale : tout ce qui a
précédé n'est que l'effet d'une expérience tentée par le
roi sur ses ministres, sur les deux chambres, sur l'o-
pinion publique : il ne juge, il ne veut, qu'après avoir
assisté, pour ainsi dire, à la délibération nationale; ainsi
donc, la loi seule, et non pas la proposition d'une loi,
émane véritablement du trône.

M. le garde des sceaux, pour justifier la saisie préalable, c'est-à-dire la saisie qui s'exerce sur un ouvrage

avant sa publication, compare un méchant écrit à un poignard, et l'auteur à un assassin. Attendrez-vous, dit-il, que l'assassin ait porté le coup, pour lui arracher le fer de la main et le déférer à la justice? En vérité, cette comparaison, sophisme banal de tous les tems, n'était pas digne d'être reproduite par un de nos plus habiles orateurs. Ce n'est point l'écrit, c'est la vérité qui tue son homme. Admettez un écrit insultant, calomnieux au plus haut dégré de force et d'adresse, si la presse est libre, la défense a cent fois plus de moyens que l'attaque. La personne calomniée est-elle un fonctionnaire public? La loi est là qui exige avant tout la preuve légale des imputations avancées contre elle : il faut que la vérité, pour être jugée telle par les tribunaux, résulte de faits autheñtiques ; autrement, si l'écrit n'était pas une plainte ou la suite d'une plainte, la vérité elle-même serait traitée de calomnie. Si la personne injuriée ou calomniée est de condition privée, la liberté de la presse lui assure le droit de se défendre d'abord au tribunal de l'opinion publique. La rivalité des journaux, s'évertuant sous l'égide de la liberté, ne leur permettra point de se fermer tous ensemble aux réclamations de l'innocence et de la faiblesse ; plus la main qui aura porté le coup sera puissante, plus s'accroîtra la garantie de la personne attaquée. Mais, dira-t-on, si la plaie se guérit, la cicatrice reste. Quel grand malheur ! répond une ame fière. De telles cicatrices ressemblent à celles de nos guerriers : les unes ne deshonorent point les autres, n'enlaidissent point et loin d'en rougir, on s'en fait gloire. Est-il un beau nom que la calomnie n'ait pas essayé de flétrir et d'effacer ?

L'écrit hautement pervers ne sera point déclaré à l'administration; on ne l'y déposera point; il se distribuera sous le manteau de la clandestinité. Toute provocation directe à des crimes s'imprimera dans l'ombre; et supposer qu'un auteur ou un imprimeur, ou tous les deux ensemble, capables de provoquer ouvertement, directement au vol, à l'assassinat, à la guerre civile, au renversement du trône ou de la constitution, puissent l'être d'aller mettre l'autorité dans leur confience par le dépôt des cinq exemplaires, c'est ériger la folie en crime, imaginer ses accès pour se donner le plaisir d'en projeter le châtiment. Mais qui donc sera juge de cette prévention : *l'écrit a provoqué directement au crime ?* Dans toute autre espèce, l'objet de la mesure judiciaire est simple, c'est la personne; ici, c'est une personne et un écrit. Dans toute autre espèce, le fait est matériel, le crime est défini; ici, le fait est moral, le crime indéfini. Dans toute autre espèce, la prévention de crime se changeant en prévention de délit, la personne peut redevenir libre sous caution; ici l'écrit demeure incarcéré jusqu'à la fin du procès. Dans toute autre espèce, il peut y avoir une partie civile contre laquelle la personne ait recours en dommages et intérêts; ici, le ministère public ne vous permet d'espérer d'autre indemnité pour le procès qu'il a perdu contre vous, qu'un second procès, suivi d'un troisième et ainsi de suite, pour peu qu'il vous plaise de continuer d'écrire contre son gré. Dans toute autre espèce, les peines sont temporaires et graduées jusqu'au *maximum* ; ici la peine est toujours la même ; elle est à perpétuité ; elle commence même avant le jugement ; car si l'écrit est de circonstance, le mieux qui puisse lui arriver, c'est que la saisie soit levée au moins huit. jours après sa mort. Ainsi, pour prévenir, non pour réprimer les délits et les crimes de la presse, on arme le ministère public d'un pouvoir sans limites et sans responsabilité ! Et l'on avoue que, si les délits de ce genre peuvent se commettre souvent, les crimes analogues ne se commettent presque jamais ! Il est vrai qu'en faisant un pareil aveu, on a pour but d'attiédir le feu de l'opposition : en effet, diront quelques bonnes gens sans prévoyance, n'insistons plus sur des cas rares, laissons ce léger avantage aux ministres. Mais ne voyez-vous pas que, sous la censure des procureurs du roi, tout deviendra provocation directe, de même que, l'an passé, tout devenait provocation indirecte ? Pour saisir, on n'a besoin que d'un réquisitoire ; et je connais tel intrépide agent du ministère public pour lequel un procès perdu n'est qu'un encouragement à en faire d'autres : ne faut-il pas du mouvement dans les affaires ?

Y a-t-il, pour la répression des délits et des crimes de la presse, des cas d'urgence où il soit nécessaire de laisser à un seul magistrat le droit de faire saisir un écrit, sauf la décision de la chambre du conseil qui se rendra à huis clos, et douze jours après la saisie? L'effet d'un écrit peut-il être assimilé à celui du fer, du feu, du poison? Le mal qu'il produit est-il rapide comme le coup de poignard ou la fusion d'une poudre empoisonnée? on a souvent parlé des écrits du jésuiste Malagrida en faveur du régicide et des livres homicides du marquis de Sades. Peut-être la lecture de ces abominables ouvrages a-t-elle flatté les penchans de quelques tigres à face humaine; mais ces livres n'ont point créé ces penchans; et quant au dernier écrivain, on sait qu'il dut ses affreux succès à la clandestinité. Qu'un homme s'avise de provoquer directement le renversement du trône et de la constitutution, et que son écrit soit distribué: qu'arrivera-t-il? Ou cet homme est isolé, et son acte de démence se consommera aussi dans un isolement parfait; ou il est l'instrument, le chef peut-être d'une faction, et alors son écrit n'aura d'effet qu'en raison de la force de cette faction. Est-elle puissante? c'est une preuve de faiblesse du gouvernement; et toutes les demi-mesures que le sentiment de cette faiblesse suggèrerait à l'autorité ne manqueraient point de hâter le moment de sa ruine. La faction redoublerait d'audace, éluderait ou braverait les prohibitons, fascinerait l'opinionpublique, captiverait la faveur populaire: les écrits anonymes pulluleraient; il y a trop de célébrité et de profit dans les chimériques dangers de la révolte déguisée sous le masque de l'opposition , pour que les ambitieux ne s'y jettent pas. L'esclavage de la presse fait la fortune des intrigans littéraires et politiques ; la liberté de la presse leur eût fait payer cher un instant de succès. L'un renverse toutes les idées , donne à la souplesse des traîtres le prix de la fidélité , punit comme sédition le vrai courage , travestit en factieux les amis du bien public , la paix des tombeaux en bonheur. L'autre remet tout à sa place , éclaire , vivifie tout, aggrandit tout, n'effraye que les coupables, fait triompher les lois. En un mot, l'abus de la presse n'a été produit depuis 25 ans que par l'abus de la force et cette force était celle des gouvernemens, qui n'ont cessé de vouloir étouffer le cri de l'opposition.

Je passe à l'importante question des journaux. Le ministère persiste à vouloir les retenir dans ses mains et pour trois années, en attendant qu'il puisse les enchaîner à jamais. Pourtant, avec quel air de sincérité, avec quelle solennité n'avait-il pas promis, à la session dernière, qu'il ne demanderait point la prorogation du terme prescrit, dans la loi transitoire, à la dépendance ministérielle des feuilles politiques ! Est-il une raison, même spécieuse, qu'on ait alléguée pour colorer ce manque de foi , cette atteinte à la constitution, proposée aux mandataires du peuple ? « Les journaux sont une véritable puissance , a-t-on « dit ; que l'on en suppose seulement un ou deux

» puissamment accrédités , couvrant la France de
» leurs nombreux abonnés, et qu'on se demande en-
» suite combien il faudra de tems pour élever autel
» contre autel , et combien de tentatives infructueuses
» pourront être faites avant qu'il puisse s'établir par-
» mi eux un contradicteur suffisamment accrédité
» pour que son opposition puisse être de quelque
» poids dans la balance. » Il faut avouer que l'embarras du ministre-orateur est visible et palpable dans
l'exposition d'une aussi faible moyen. Eh ! quelle sera
donc la garantie de la liberté publique , si cette puissance des journaux demeure toute entière aux ministres ? On ose dire à la nation: « Votre loi fon-
» damentale vous donne un droit: nous voulons qu'il
» soit restreint ; et si les motifs de cette restriction
» vous paraissent indignes de vous, nous vous ré-
» pondrons en ces termes : *Le silence des ministres est
l'exposé le plus éloquent des motifs de la proposition qu'ils
vous ont faite relativement aux journaux. Pourquoi en effet ne me bornerai-je pas à vous dire : Messieurs , vous
avez entendu ce qu'on nous oppose ; vous savez tout ce que
je sais , tout ce que je tais , la France entière le sait comme
vous : jugez !* (1)

Voilà, j'en conviens, une manière neuve de ré-
soudre les objections. J'ignore tout ce que la France
sait ; beaucoup de Français l'ignorent ainsi que moi, s'il

____

Discours de Mgr. le Garde des sceaux , séance du 11 décemb.

faut y voir le plus léger prétexte à l'esclavage des journaux. Il est beau de sortir d'embarras par une énigme, et d'aller se perdre, avec la charte, au sein des ténèbres et des nuages.

Telle est l'allure des *politiques*. Veulent-ils faire fléchir les principes devant un intérêt quelconque du pouvoir ? ils cherchent à dominer la question par l'étalage pompeux des mots, par les séduction du talent, un air de profondeur, un ton mystérieux, une sensibilité factice, un patriotisme rhéteur, une fastueuse dignité. Il n'est pas facile de vaincre le prestige, à moins qu'on ne soit doué d'une fermeté stoïque : j'ajouterai une tête froide et une ame de feu.

Tels je me figure ces généreux défenseurs de nos libertés qui font retentir, en ce moment, la tribune nationale des nobles accens de la vérité. Relisons, méditons bien ce qu'ils ont dit, nous qui n'avons pu les entendre : c'est aux esprits droits, aux cœurs citoyens, qu'ils sont jaloux de plaire : peu leur importe le suffrage doucereux et protecteur des *politiques*. Ecoutons ces énergiques tribuns parlant sur l'affranchissement de la presse et des journaux.

» Pense-t-on, a dit (1) le premier qui ait combattu le projet des ministres, pense-t-on nous faire accroire que les potentats de l'Europe seraient en mouvement pour tel ou tel misérable article d'un misérable gazetier qui serait livré à la vengeance des lois ? Dira-t-

______

(1) Opinion de M. Martin-de-Grai, député, séance du 11 décembre.

on qu'il serait impolitique et dangereux de faire connaître l'état de notre pays aux puissances étrangères par des gazettes qui ne seraient pas assujetties au frein de la police ? Eh ! messieurs, est-ce par des gazettes que les étrangers connaissent l'état de la France, et n'ont-ils pas mille autres moyens de le connaître ? Mais je dirai plus, je dirai qu'il importe à la France que les étrangers apprennent notre véritable position ; qu'il importe que cette haute sagesse des alliés, invoquée par le ministère, connaisse l'excès des charges qui nous accablent, qu'elle en connaisse l'excès et les conséquences ; qu'elle sache que le repos de l'Europe est lié à celui de la France ; que, si nos richesses sont épuisées, notre courage, notre amour de la patrie et de la dignité nationale sont inépuisables ; et que le peuple français, sous le poids des revers les plus inouis, est toujours un grand peuple....

« Quelle confiance pourraient inspirer les journaux, ces tristes échos de l'autorité, obligés non seulement de se taire, mais encore de parler au gré de la police ? Oui, messieurs, c'est là qu'est le plus grand mal, l'effet le plus funeste de toute censure, de toute loi qui asservit la presse : c'est qu'elle prive le gouvernement de tout moyen d'éclairer l'opinion, c'est qu'elle aliène l'opinion, c'est qu'au lieu de rallier les esprits et les cœurs, elle détruit toute confiance. Eh ! messieurs, pourrait-il en être autrement ? En nous demandant une loi qui perpétuerait la servitude de la presse, en nou s demandant pour trois ans la censure sur les journaux, le ministère ne semble-t-il pas dire à une nation que vingt-cinq années d'expérience et de déceptions ont rendue si défiante, si ombrageuse ; ne semble-t-il pas dire à vingt-six millions d'hommes généreux, mais fins et spirituels : j'ai plus de bon sens et de raison que vous tous, je parlerai seul, et je ferai l'opinion. Non, non, messieurs, l'opinion ne se fait pas. On peut condamner l'opinion au silence, mais on la refoule dans les cœurs, et c'est alors qu'elle devient menaçante et dangereuse. »

« Plus de concessions, a dit M. *Ganilh*, vous n'en pouvez plus faire sans mettre aux prises la loi avec l'opinion publique, la chambre avec les départemens, le gouvernement avec la nation.

» Prévenez les scandales dont nous avons été récemment les témoins. Qu'on ne voie plus la raison du magistrat reculant devant la raison du publiciste, l'autorité des jugemens balancée par les suffrages des citoyens et paralysée par leur générosité, et l'infracteur des lois placé au rang des martyrs de la liberté publique.

» Qu'on ne distingue plus dans les comices nationaux les amis du gouvernement des amis des libertés nationales : il est sage de prévoir le sort d'une pareille lutte. »

» Faut-il parler, a dit M. *de Chauvelin*, de la monotonie insipide de nos tristes journaux de départemens, toujours hachés et mutilés sous les impitoyables ciseaux des autorités de province; qui, depuis vingt années, rajeu-nissent les mêmes formules de louange, et ne présentent d'autre image, dans chaque chef-lieu de département, que celle d'autant de cassolettes exhalant sans cesse le même encens en l'honneur du pouvoir du tems et de M. le préfet du jour.

» Mais observons bien vîte, messieurs, de plus graves effets de l'esclavage des journaux. Ils ne peuvent plus même remplir cette destination première qui leur avait donné naissance, ils ne recueillent plus de notes exactes pour l'histoire, et ne publient pas même les faits les plus importans à répandre, les plus essentiels à publier pour l'instruction des contemporains ; et, par exemple, un relevé des jugemens rendus et des condamnations portées dans toute la France par les cours prévôtales et autres tribunaux en vertu des lois du 29 novembre et du 20 décembre 1815, est impos-sible à compléter sur les feuilles publiques; et les relevés qu'on en voudrait faire sur le *Moniteur* même présenteraient des lacunes considérables. »

» Si, comme nous ne devons pas en douter, on veut sincèrement la liberté de la presse, les jurés sont les juges les mieux appropriés pour en réprimer les abus; ils offrent à la fois protection aux individus, garantie suffisante au gouvernement. Pour apprécier les délits d'opinion, il faut des juges identifiés avec l'opinion. Vous atteindrez, vous frapperez plus sûrement le cou-pable en lui faisant infliger la peine encourue, par ceux-mêmes qu'il aura voulu égarer. C'est le seul moyen d'éviter désormais le scandale de ces condamnations qui sont un triomphe pour ceux qui les subissent. »

» La liberté de la presse, a dit M. *Bignon*, cette liberté qu'on nous montre souvent, sans nous permettre jamais de l'atteindre, est un bien qui est à nous, et dont il est tems de prendre possession. Pour l'exercice de ce nouveau droit, il faut nécessairement une législation nouvelle, analogue à la nature du droit même. Or, il est une vérité incontestable dont il est impossible que tout bon esprit ne soit pas frappé, c'est que la liberté de la presse n'existe point, ne peut exister sans le jugement par jurés pour tous les crimes et délits indistinctement, et sans l'indépendance des journaux......

» Si nous avions eu la liberté des journaux, aurait-on vu ces destitutions injustes qui ont fait d'une partie des emplois du gouvernement le prix de la délation, la récompense de la calomnie ? Aurait-on vu et verrait-on encore exclure le talent et la probité, parce que la probité et le talent n'ont pas commencé leurs services d'hier, parce qu'ils ont le malheur d'avoir servi vingt ans ? Aurait-on vu et verrait-on encore, dans certaines parties du service public, ces épurations sans fin, ces changemens perpétuels d'organisation, qui suppriment une place sous un nom pour la rétablir sous un nom différent ; et qui, surchargeant sans nécessité la liste des pensionnaires de l'état, ne font en général que substituer l'impéritie et souvent la bassesse à l'habileté et à l'expérience? »

» Pourquoi faut-il, a dit M. *Beugnot*, qu'une question résolue dans toutes les parties de la charte constitutionnelle se renouvelle chaque année dans cette enceinte, s'agite chaque jour devant les tribunaux? Qui donc a le droit de mettre en doute si l'on observera la loi fondamentale du royaume? Et quelque soit la gravité des abus de la presse, en est-il un seul qui puissse égaler le danger, je ne dirai pas de violer la foi publique, mais de la laisser incertaine?.....

» En demandant, a dit M. *de Villèle*, qu'une loi nouvelle vous soit proposée, et qu'elle établisse un jury supérieur pour connaître des délits relatifs à la presse, je regarde ce moyen comme constitutionnel et monarchique tout à la fois..... On a prétendu que l'institution du jury était démocratique; mais la liberté de la presse ne l'est-elle pas? c'est justement parce que la liberté de la presse est démocratique par sa nature, que la seule juridiction qui lui soit applicable est celle du jury; c'est parce que nos institutions se composent d'élémens monarchiques et démocratiques, qu'il faut chercher dans cette combinaison le moyen de les consolider. »

» La longue expérience des peuples qui jouissent de la liberté de la presse, a dit M. *Hernoux*, dépose en faveur de l'adoption du jury dans le jugement de ses abus : cette institution n'est, sous aucun rapport, susceptible d'inspirer les mêmes craintes que les tribunaux correctionnels ; et le jugement de trois juges, dont les intérêts sont les mêmes, ne peut offrir autant de garantie que l'avis de douze jurés livrés à leur seule conscience et bien plus à même de juger de l'effet d'un écrit et des circonstances qui peuvent en augmenter ou diminuer la culpabilité. »

» Oui, messieurs, a dit M. *Camille-Jordan*, je dois vous dire ma pensée toute entière, je dois vous dévoiler quelle est à mes yeux la cause secrète de nos révolutions. Ce n'est plus le même esprit qui présidait à nos troubles, non, c'est une sorte de mécontentement des choses établies ; c'est l'habitude de faire deux parts de la loi fondamentale de l'état, d'en observer une et de négliger l'autre ; d'accepter comme un joug ce qui devait être reçu comme un bienfait, opinion plus opposée à la marche du siècle que toutes les autres, opinion destructive de la paix, qui rétarde l'accomplissement de nos espérances : c'est le secret de ces restes d'agitations dont nous sommes encore menacés. Le peuple veut la charte entière ; il repousse et rejette ce constitutionalisme bâtard, qui est le plus grand ennemi de la pacification publique. »

» Prouvons, a dit M. *Royer-Collard*, que nous n'avons point été condamnés sans retour à conspirer ignoblement contre nous-mêmes. S'il en était ainsi, l'arrêt de notre ruine serait écrit dans toutes nos institutions; et sur les portes même de cette salle, il eût été tracé par la main qui nous a donné la charte. Mais non, le gouvernement sait repousser les poisons et accueillir les bonnes doctrines. En nous donnant des lois constitutionnelles, il a voulu tout ce qu'elles exigent : répétons-lui que la liberté de la presse porte à faux et qu'elle ne peut être réalisée sans jury. »

« J'admire, a dit M. *Boin*, le tableau des dangers de la liberté de la presse que plusieurs de nos collégues ont présentés ; mais quand je considère les choses de plus près, je ne vois pas une seule révolution qui ait été causée par des libelles. »

« Une liberté entière de la presse, a dit M. *Laffitte*, n'est pas moins indispensable pour soutenir le crédit public qui, faible encore, a déjà rendu de si éminens services, mais à qui sa faiblesse ne permettrait pas de résister longtems aux atteintes qui lui seraient portées par la privation des garanties qu'il réclame.

« Le crédit a pour base la confiance qui ne s'acquiert que par des garanties ; et ces garanties ne sont solides que lorsque elles reposent sur des institutions. Mais il faut que les institutions elles-mêmes paraissent stables, et qu'il ne puisse s'élever aucun doute ni sur la sincérité, ni sur la bonne foi, non seulement de ceux qui les créent, mais aussi de ceux qui sont chargés de veiller à leur exécution.

« Qui osera dire que cette confiance s'établira dans le public, si l'obscurité la plus profonde cache à ses yeux la marche des choses et les événemens ?

« Le gouvernement se flatterait-il d'inspirer une croyance aveugle ? Il se ferait, n'hésitons pas à le dire, puisque cette vérité peut être utile, il se ferait une étrange illusion : la défiance est fille du malheur....

« Il est incontestable, selon moi, que les charges qui pèsent sur les peuples seront plus ou moins grandes selon que les actes du gouvernement se rapprocheront ou s'éloigneront de la ligne constitutionnelle. Quels progrès avons nous faits à cet égard depuis la session dernière ? C'est là toute la question. Pour la décider, rapelez-vous des lois que vous avez rendues en 1816, et appréciez bien l'importance des deux premières lois que l'on vous propose en 1817. Je vous dirai aussi que les circonstances sont graves; qu'un budjet d'un milliard qui succède à un budjet de onze cent millions séra pour nous un fardeau accablant, impossible à supporter, si, au lieu de regarder nos institutions comme des obstacles que l'on veut vaincre, on ne montre pas les dipositions les plus loyales pour les consolider et pour s'en faire un point d'appui. Une constitution de fait est le meilleur plan de finances....

« L'histoire est là pour nous apprendre que ce n'est jamais la démocratie d'un état qui s'élève et se fortifie insensiblement par des entreprises plus ou moins adroites contre le pouvoir monarchique. Elle nous enseigne que c'est ce pouvoir, au contraire, qui, par la nature même des choses, tend sans cesse à s'accroître au préjudice de la liberté publique, et que la puissance qu'il possède déjà ne sert que trop à lui donner celle qu'il veut avoir...

En politique, les limites sont des garanties pour l'autorité des rois comme pour la liberté des peuples. »

» Tous les esprits droits, a dit M. *Voyer-d'Argenson*, gémissent depuis longtems de voir la formation des listes des jurés abandonnée aux soins des préfets, surtout en matières politiques ; mais le remède est bien facile, quand on voudra le chercher de bonne foi. Ne peut-on pas transporter les attributions des préfets en cette partie à une commission nommée par les collèges électoraux ? .....

» Nous ne saurions, messieurs, sans commettre un énorme abus de pouvoir, adopter un projet de loi qui viole deux droits également sacrés : liberté d'écrire, procédure par jurés.

» Et cependant, par une déplorable fatalité, notre législation actuelle est si vicieuse que des tribunaux, dont je ne veux pas suspecter les intentions , ont prononcé des condamnations contre des écrivains courageux auxquels toute la France, comme l'Europe éclairée, ont payé un tribut d'estime. »

» Le ministre de la police, a dit M. *de Corbières*, assure que la marche des ministres tend à royaliser la nation, et à nationaliser le royalisme : tel est, en effet, votre devoir envers le roi et envers la France, et j'oserai ajouter que la tâche n'était peut-être pas trop difficile. Avez-vous rempli ce devoir? C'est-là en effet la grande question que votre projet de loi remet en discussion, et à laquelle tout vientaboutir. Qu'aviez-vous à faire, pour le remplir ce devoir ?

» Tenter la réconciliation entière des Français avec eux-mêmes, adoucir les passions, éclairer les préventions, combattre tout ce qui conserverait le caractère de la haîne ou de l'aigreur, recueillir dans toutes les opinions ce qu'elles ont de vraiment national, en protéger le développement, en favoriser l'expression, en adopter loyalement l'exécution, préparer toutes les institutions qui nous manquent, les marquer toutes du noble sceau de la liberté monarchique, au lieu d'ajourner indéfiniment ce grand besoin, au lieu de reculer devant cette honorable tâche, et de se réfugier dans un arbitraire ténébreux qui perpétue notre anxiété, vieille routine de tous ceux qui nous avaient séduits pour nous trahir. »

Admirons la puissance invincible qui, malgré tant d'oppositions, conduit la France à la liberté. Le ministère a contre lui, dans cette lutte impolitique, non seulement les deux partis opposés, mais encore l'élite des orateurs qui s'étaient fait inscrire pour la défense de son projet de loi.

Le langage de ces partis divers est-il exactement conforme au but que chacun d'eux se propose ? Les constitutionnels sont-ils franchement amis de la charte ? Les royalistes défendent-ils sincèrement les intérêts du trône ? Les ministériels enfin ne veulent-ils imposer à la liberté de la presse des limites prises hors de la ligne constitutionnelle, que pour mieux concilier, dans les circonstances présentes, les intérêts de la France et du roi? Essayons de démêler dans ces débats ce qui tient à la conviction des orateurs d'avec ce qui tient à leurs intérêts et à leurs passions.

Les constitutionnels sont ceux qui ne séparent jamais le roi de la charte; les royalistes, ceux qui, dans le principe, ont tout vu dans le roi; les ministériels, ceux qui, admettant la charte, ne balanceraient point à la violer pour augmenter la prérogative royale. Aujourd'hui, les royalistes, ayant à choisir entre deux opinions dont l'une est d'adopter une règle précise et constante pour l'exercice du pouvoir et la garantie de la nation, et dont l'autre est de laisser nos institutions dans le vague de l'état provisoire, afin de mieux diriger les esprits avec les affaires publiques, sentent combien il est de leur intérêt de se rattacher au premier de ces deux systèmes : ils veulent donc enfin la charte, ils sont donc aussi constitutionnels : quel pas immense vers la liberté! Il n'y a plus réellement que deux partis en France : les constitutionnels et les ministériels; parce qu'il n'y a plus que ces deux grandes sections : le peuple et le gouvernement.

Ces deux partis ne vont plus se mouvoir que dans les bornes tracées par la constitution : l'un croira servir la patrie en interprétant la loi fondamentale au profit du pouvoir royal, l'autre au profit de la liberté publique; et cette opposition perpétuant la lutte salu-

taire des grands talens entr'eux , sera le ressort toujours actif qui ne laissera jamais la machine politique
s'engourdir dans un fatal repos. Nous tendons encore
vers un pareil ordre de choses; mais tendre, ce n'est
pas être arrivé. La conviction vient, à la vérité, de
joindre les royalistes aux constitutionnels ; la force
des principes et de l'intérêt personnel réunis a triomphé
des ressentimens. Une fois l'oubli du passé reconnu né-
saire, la meilleure partie des personnes qui le regret-
taient a pris la résolution de ne plus songer qu'à l'a-
venir ; mais à qui n'a plus la puissance, il est plus
aisé de s'ériger en défenseur des lois, qu'il n'est facile
à ceux qui l'ont de se tenir sans cesse en garde contre
eux-mêmes.

Les constitutionnels n'affectent donc point un langage
contraire à leur but : volonté, paroles, actions, tout
est d'accord de leur côté, puisqu'ils n'ont pour but
que la garantie, c'est-à-dire le bien-être de chacun.

Il ne peut en être de même des ministériels, hommes
dans lesquels l'éducation a développé le penchant et le
talent de gouverner les autres. Leur but est de conserver
le pouvoir ; et presque toujours l'unique moyen de le
conserver est pour eux celui de l'accroître indéfiniment.

Le ministériel est un caractère nouveau pour nous,
caractère né du gouvernement représentatif : c'est le
gouvernant que son naturel pousse au despotisme et
que sa raison, avertie par la raison publique, ramène
au joug des lois. Il arrive souvent qu'il résiste à cette

puissance morale; mais plus il a de vigueur d'esprit, et plus il a de bon sens, plutôt il rentre dans l'ordre que ses passions lui faisaient méconnaître. Malheur à lui, si, follement épris de ses propres idées, ou cédant à une fausse honte, il se laisse aller aux emportemens de l'orgueil irrité, on craint de s'avilir en faisant un pas en arrière ! Il n'y a que le pouvoir absolu qui s'affaiblisse et se compromette en fléchissant devant le pouvoir de l'opinion.

Je crois qu'il est facile de prouver que les ministres actuels du roi se sont trompés dans le choix de leur système politique : ce système, moitié despotique, moitié libéral, doit les conduire à leur perte, s'ils ne se hâtent de se placer eux - mêmes sous l'empire absolu de la charte. Ils se sont mis dans une fausse position en cherchant à disputer à la nation une partie quelconque de ses droits : une fois la charte présentée aux mandataires du peuple, il fallait que les ministres donnassent le premier exemple d'une obéissance franche et littérale : ils ne l'ont point fait ; ils se sont engagés dans l'ornière des mouvemens alternatifs ; ils ne se ont point rappelés la chûte du directoire.

Au parlement d'Angleterre, une forte minorité contre les ministres est pour eux le signal de la retraite et la raison en est toute simple : quand après s'être vendus, d'honorables membres s'apperçoivent qu'ils ne peuvent, sans être proclamés les bourreaux de la patrie, soutenir le parti des ministres, ils ne se font point scrupule de les abandonner; mais aussi, pour que les choses en viennent à ce point, il faut que l'impéritie ou la perversité du ministère ait compromis l'état au premier chef. En cédant la place, les ministres sauvent presque toujours leur vie; mais ils meurent à l'honneur et à la gloire. Chez nous la corruption ne s'exerce pas avec l'impudeur anglaise; et lors même qu'elle voudrait imiter en cela nos voisins, elle rencontrerait plus de caractères vraiment indépendans et généreux que chez ce peuple *spéculateur*. L'opposition sera donc toujours plus réelle chez nous, plus recommandable, plus forte; et de cette force il ne pourra résulter aucun danger pour les ministres, pas même celui de la honte, s'ils ne se sont trompés que dans l'interprétation de la loi constitutionelle; mais si l'erreur provenait du desir de l'enfreindre, la majorité même, dans les chambres, ne leur garantirait pas l'estime publique, parce que cette majorité, nécessairement la serait encore davantage par les talens et le civisme.

POST-SCRIPTUM.

Enfin, la chambre des députés a voté, pour une année encore contre l'affranchissement des journaux politiques, et les ministrres ont obtenu une majorité de quelques voix : ce fait doit nous apprendre à ne plus préjuger le scrutin par la délibération; mais il nous apprend aussi l'une des ressources ministérielles.

Quand on ne peut mener la totalité d'une assemblée, on attire à soi les parties secrètes. Les assemblées se gouvernent comme les individus. Que d'excellentes têtes, après avoir conçu les plus belles spéculations du monde , se laissent conduire à des résolutions toutes contraires par les plus bizares fantaisies que puissent inspirer à l'homme ses appétits irrités par sa curiosité , ses passions exaltées par son orgueil! La séduction ministérielle (je ne dis pas la corruption,) ressemble à ce diable du *Moine* qui , pour vaincre la vertu d'Ambrosio , prend les formes d'une belle femme.

Mais quelle leçon pour les élections prochaines! Combien sera naturel et facile l'effort de ne confier les intérêts du peuple qu'à des hommes indépendans par leur caractère , par leur considération et leur fortune. Laissons , ô mes concitoyens, laissons dans leurs places les fonctionnaires qu'a choisis le gouvernement; ne les détournons point de leurs travaux, pour leur donner une mission toute contraire à leurs habitudes. Ils voient tout dans le pouvoir effectif; ils peuvent être bons magistrats, excellens administrateurs ; mais ils sont essentiellemeut mauvais législateurs.

Le projet ministériel sur la liberté de la presse a subi , dans la chambre des députés, d'importantes et heureuses modifications ; peut-être la chambre des pairs en apportera-t-elle d'autres encore; mais ce dont il ne faut point douter, c'est que les débats de cette chambre ne portent, comme l'an passé, l'empreinte de la méditation, de la maturité et d'une sagesse profonde. Si elle adopte le projet de loi sur les journaux, j'oserais prédire que ce sera en avertissant les ministres de ne plus calculer à l'avenir sur une telle condescendance. Au résumé, la nation française s'avance d'un pas sûr et rapide vers la liberté; car les obstacles qui semblent retarder sa marche sont nécessaires à ses progrès, comme les haltes le sont aux plus braves armées sur le chemin de la victoire.

AVIS.

La SUITE du LYNX formera un volume égal au premier. Les personnes qui desireront souscrire pour ce volume recevront les brochures qui doivent le composer, à mesure qu'elles paraîtront. Le prix de la souscription est de 6 fr. chez l'auteur, et de 7 fr. 50 c^{es}, franc de port.

Les exemplaires, non revêtus de la signature de l'Auteur, seront désavoués par lui et réputés contrefaits.